小天下
Global Kids

小天下

神奇樹屋小百科 14

海嘯與地震

瑪麗·波·奧斯本、娜塔莉·波·博以斯／文

薩爾·莫多卡、吳健豐／圖

劉藍玉／譯

獻給 愛蓮娜・歐・博以斯

科學顧問：

麗莎・瓦德（Lisa Wald）

任職於美國地質調查局。

教育顧問：

海蒂・強生（Heidi Johnson）

地球科學與古生物學教師，任職於羅威爾初級中學
（位在美國亞利桑納州的比斯畢市）。

親愛的讀者：

　　從2004年的南亞大海嘯，到2011年的日本大地震，都讓我們深深感受到海嘯與地震的可怕。像這樣的天然災害不但會奪走許多生命，也會摧毀很多人的家園。因此，科學家至今仍不斷在研究地震與海嘯發生的原因。

　　另外，山崩和雪崩也是我們經常聽到的天然災害，為了進一步認識這些毀滅性的大自然力量，我們決定寫一本知識讀本，好好研究它們。

　　我們花了很多時間做研究，而且發現天然災害的參考資料非常多，單是相

關的網站就有好幾百個，圖書館裡也有許多書籍可以參考。最後，收集到的資料幾乎把我們淹沒；所以我們趕快坐下來討論，看看自己從這些資料裡獲得了什麼。

做研究的過程充滿了樂趣！現在，我們不僅想要把成果與你分享，還要告訴你：做研究就像餵我們的腦袋吃維他命一樣喔！

傑克與安妮　上

1

天_{ㄊㄧㄢ}然_{ㄖㄢˊ}災_{ㄗㄞ}害_{ㄏㄞˋ}

2004 年_{ㄋㄧㄢˊ}冬_{ㄉㄨㄥ}天_{ㄊㄧㄢ}，英_{ㄧㄥ}國_{ㄍㄨㄛˊ}的_{ㄉㄜ˙}小_{ㄒㄧㄠˇ}學_{ㄒㄩㄝˊ}生_{ㄕㄥ}緹_{ㄊㄧˊ}莉_{ㄌㄧˋ}・史_{ㄕˇ}密_{ㄇㄧˋ}斯_ㄙ和_{ㄏㄜˊ}家_{ㄐㄧㄚ}人_{ㄖㄣˊ}一_ㄧ起_{ㄑㄧˇ}到_{ㄉㄠˋ}泰_{ㄊㄞˋ}國_{ㄍㄨㄛˊ}的_{ㄉㄜ˙}一_ㄧ座_{ㄗㄨㄛˋ}小_{ㄒㄧㄠˇ}島_{ㄉㄠˇ}渡_{ㄉㄨˋ}假_{ㄐㄧㄚˋ}。 12 月_{ㄩㄝˋ} 26 日_{ㄖˋ}那_{ㄋㄚˋ}天_{ㄊㄧㄢ}，緹_{ㄊㄧˊ}莉_{ㄌㄧˋ}和_{ㄏㄜˊ}家_{ㄐㄧㄚ}人_{ㄖㄣˊ}一_ㄧ起_{ㄑㄧˇ}沿_{ㄧㄢˊ}著_{ㄓㄜ˙}海_{ㄏㄞˇ}灘_{ㄊㄢ}散_{ㄙㄢˋ}步_{ㄅㄨˋ}，在_{ㄗㄞˋ}金_{ㄐㄧㄣ}黃_{ㄏㄨㄤˊ}色_{ㄙㄜˋ}的_{ㄉㄜ˙}陽_{ㄧㄤˊ}光_{ㄍㄨㄤ}下_{ㄒㄧㄚˋ}，大_{ㄉㄚˋ}海_{ㄏㄞˇ}是_{ㄕˋ}那_{ㄋㄚˋ}樣_{ㄧㄤˋ}的_{ㄉㄜ˙}平_{ㄆㄧㄥˊ}靜_{ㄐㄧㄥˋ}、清_{ㄑㄧㄥ}澈_{ㄔㄜˋ}。

忽_{ㄏㄨ}然_{ㄖㄢˊ}間_{ㄐㄧㄢ}，緹_{ㄊㄧˊ}莉_{ㄌㄧˋ}注_{ㄓㄨˋ}意_{ㄧˋ}到_{ㄉㄠˋ}海_{ㄏㄞˇ}水_{ㄕㄨㄟˇ}開_{ㄎㄞ}始_{ㄕˇ}出_{ㄔㄨ}現_{ㄒㄧㄢˋ}奇_{ㄑㄧˊ}怪_{ㄍㄨㄞˋ}的_{ㄉㄜ˙}變_{ㄅㄧㄢˋ}化_{ㄏㄨㄚˋ}。 沖_{ㄔㄨㄥ}上_{ㄕㄤˋ}

海灘的海浪帶著許多泡沫，看起來就像在煎鍋上滋滋作響的油花，整個海面也好像在沸騰似的冒著泡泡。海浪不斷湧上岸，卻沒有退回海裡，上漲的海水讓海灘愈縮愈小。

緹莉忽然想起，兩個星期前才在學校裡學到關於**海嘯**的知識；此刻眼前的景象，正是海嘯來襲的徵兆！這讓緹莉害怕了起來，忍不住開始尖叫。她的父母趕緊跑過來，緹莉於是將自己記得的海嘯徵兆告訴家人。

緹莉和爸媽在海灘上跑來跑去，高聲呼叫大家趕快逃命，接著又跑進飯店裡，警

8

告大家海嘯要來了！四處陷入一片混亂，大家都急著逃生，緹莉和家人則跑到飯店三樓去避難。

幾分鐘後，巨大的水牆向海灘席捲而來，三股巨浪一波接著一波衝擊海岸。大海就像是一頭發狂的野獸，所有巨浪經過的地方都被打得七零八落。

緹莉和家人避難的飯店沒有被巨浪吞噬，所以她們逃

2005 年，緹莉·史密斯在聯合國參訪時，會晤前美國總統比爾·柯林頓。

過一劫。許多人也因為緹莉和她父母的警告，才能夠逃過這場災難。

緹莉和家人遭遇到的，是

近百年來最巨大的海嘯之一
（稱為南亞大海嘯），是由
發生在好幾公里外的地震所
引起的。這起大地震發生在

南亞大海
嘯過後，
泰國有股
從天而降
的船，壓
垮了娜塔
雅‧普西
的家。

印度洋。 地震過後兩小時，滔天巨浪襲擊泰國和印尼的海岸； 幾個小時後， 海嘯到達 8000 公里以外的印度南端和東非海岸。

將近三十萬人在這場海嘯中失去生命， 直到海嘯過後兩個月， 搜救隊每天還從災害現場找出五百多具遺體。

可怕的天災

海嘯、 地震和火山爆發都是由地球內部的活動所引發的天然災害。

許多年以前， 科學家對地球內部的活動所知有限， 所以只能從拼圖般的解謎過程中， 推測為什麼地球上有些

大氣的變化也會造成天然災害， 例如颱風、 颶風、 龍捲風和暴風雪。

地區會發生這些天災，其他地區則不會。

經過許多年的研究，有一組科學家終於在四十年前提出了一些看法。他們從對海床的觀察中找到許多線索。不過你可能很難相信，科學家認為我們腳下的陸地不僅是漂浮著的，而且無時無刻都在移動！許多天災就是因為大地的移動而引發的。

翻到下一頁，看看「災難」的英文是怎麼來的。

都是星星惹的禍？

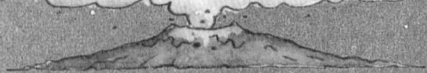

　　災難的英文「disaster」源自於拉丁文和希臘文的「星星」。拉丁文的星星是「astrum」，希臘文的星星則是「astron」；而天文學的英文「astronomy」，也是源自於這兩個字。

　　天文學是研究太空和存在於太空中的物體的學問。

　　如今我們已經知道多數天災形成的原因，但是生活在很久以前的人們，認為許多

災難的發生，與星星排列的位置有關。因此，古代的人經常會研究星星、月亮和太陽的變化，試著從中找出天災和厄運的徵兆。這些研究後來逐漸發展成天文學。

2

地震

　　海面下和陸地上都會出現地震，全世界每年會發生大約一百萬次地震。很多地震只持續幾秒鐘，強度不至於造成災害，人們通常也不會有任何感覺。然而在 2004 年引起南亞大海嘯的大地震，不僅震度很強，而且持續了十分鐘之久。

地震發生的地方其實是在地表下。地球的結構可以分成好幾層，我們腳下所踏的大地是最外層的部分，稱為地殼。地殼是由岩石和泥土組成的。

陸地的某些區域，地殼厚達 40 公里；海洋所覆蓋的地殼通常比較薄，平均約只有 10 公里的厚度。

地殼下方的地函厚度約有 2900 公里，由超燙的岩石組成。因為溫度非常高，這裡的岩石不是堅硬的固態，而比較像是黏稠的漿糊。地函上部則有部分岩石因為高溫而熔化，成為液態的岩漿。

地函下方是地球的核心部

如果用蘋果來代表地球的構造，薄薄的地殼就像是果皮，地函就是果肉，地核則是果核。

18

分，可以分成**外核**與**內核**。

外核由岩石和金屬（主要是鐵和鎳）組成，厚度約 2200 公里。

　　內核的厚度（半徑）大約是 1200 公里，主要由超燙的

地殼：岩石和泥土

地函：非常燙的岩石和熔化的岩石

外核：熔化的金屬和岩石

內核：超燙的固態金屬

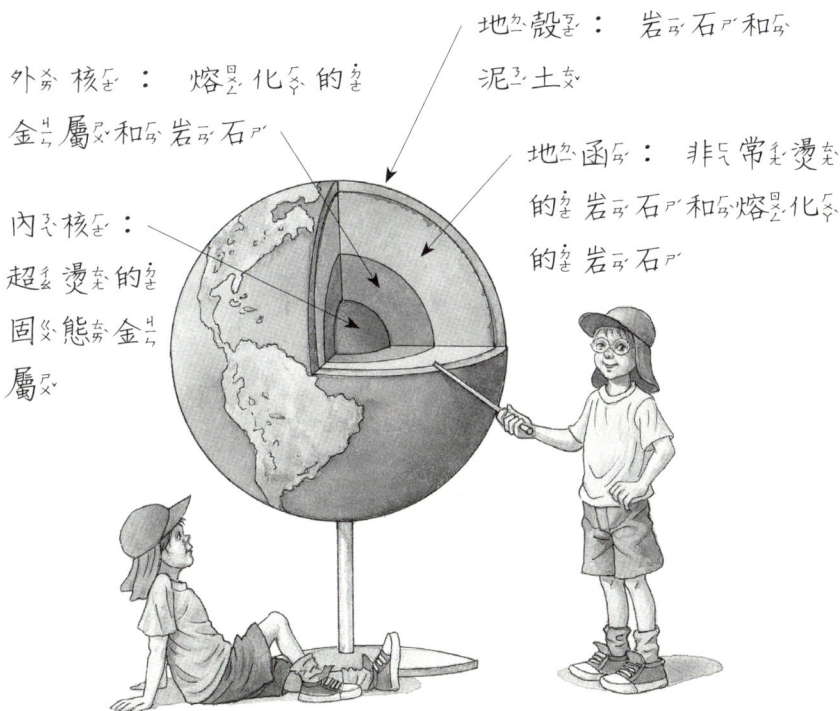

因為地球深處的壓力非常大，雖然內核的溫度非常高，但這裡的金屬不會熔化成液態。

金屬組成。內核的溫度超過6000度，比你能想像到的任何東西都要來得燙！

板塊構造學說

科學家已經知道地殼並不是一大片完整的陸地，而是由許多大大小小的板塊拼接而成。科學家根據他們對地殼板塊的了解發展出一套理論，稱為板塊構造學說。學說是指已經有許多研究結果支持，而能夠被大家認可的解釋。

地殼包括七大主要板塊和許多小型板塊。科學家形容這些板塊就像由岩石或泥土所形成的巨大的平臺，可以

20

互相接合在一起，就像拼圖一樣；這些板塊都漂浮在地函上方。

科學家認為地函的流動會帶動板塊，板塊的移動則會形成地震和火山；此外，很多地球上的高山也是由於板塊擠壓所造成的。

虛線代表板塊邊界

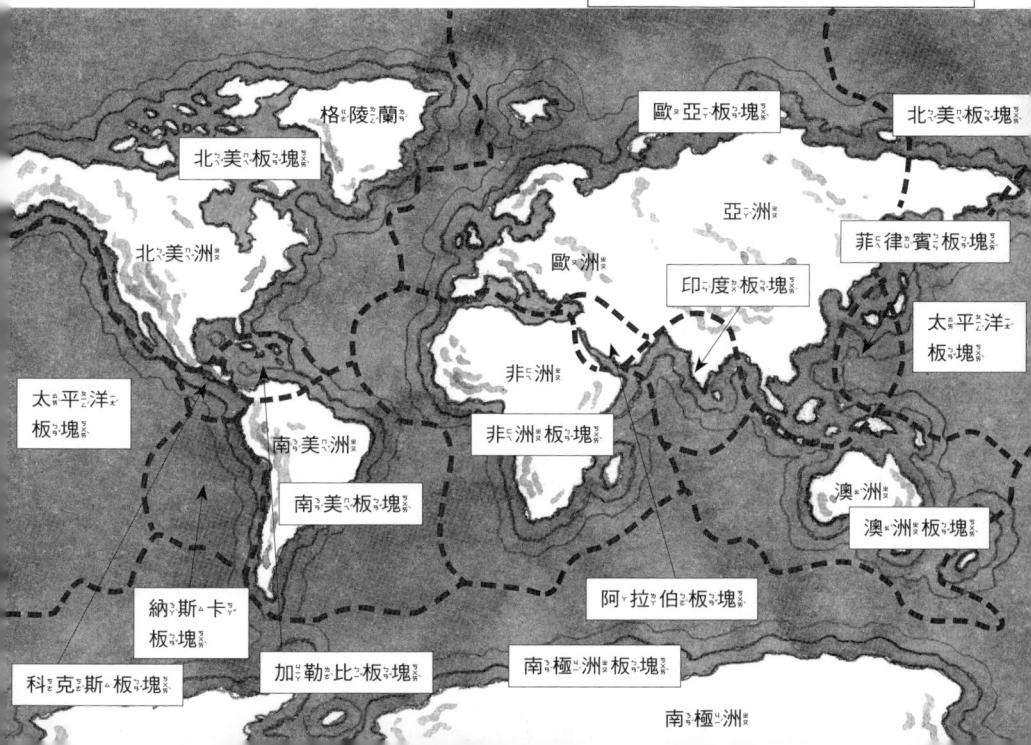

格陵蘭
歐亞板塊
北美板塊
北美板塊
亞洲
北美洲
菲律賓板塊
歐洲
印度板塊
太平洋板塊
非洲
太平洋板塊
非洲板塊
南美洲
澳洲
南美板塊
澳洲板塊
納斯卡板塊
阿拉伯板塊
科克斯板塊
加勒比板塊
南極洲板塊
南極洲

板塊的移動

板塊的移動非常緩慢——幾乎和你指甲生長的速度一樣慢。當板塊移動時，可能發生的情況有以下三種：

當兩塊相鄰的板塊往不同的方向移動，就稱為錯動，可能形成斷層；如果這兩塊板塊互相分離，就稱為張裂。

當兩塊板塊互相擠壓或碰撞，密度較大的板塊可能會隨著地函的流動而滑到另一塊板塊下方，這就是所謂的隱沒。

地震是怎麼來的？

　　地震通常發生在板塊的邊緣；從地震的源頭往正上方延伸到地面的位置，就稱為震央。當相鄰的板塊往不同方向滑動，彼此的摩擦或碰撞會使岩層破碎或斷裂，在地表形成斷層。

聖安德魯斯斷層長達一千公里以上。

如果板塊的移動持續推擠岩層、不斷累積讓岩層變形的能量，一旦超過岩層的承受度，這股巨大的能量就會瞬間釋放出來，使大地產生震動。這樣的震動會以波的形式傳遞開來，科學家將這種波動稱為**地震波**。

地震波每小時可以在岩石內移動一千公里以上——在比較冷或是比較堅硬的岩石中，還可以移動得更快；但是在沙子、水和比較溫暖的岩石中，速度就會慢下來。

當劇烈的地震發生，整個陸地就像是搖晃的果凍，地面會像波浪一樣起伏，甚至出現裂縫。地震可以使車子

上下跳動、窗戶碎裂，甚至讓建築物倒塌；崩塌的建築物還可能把人埋在底下。如果震動持續幾分鐘，城市可能被震垮而成為廢墟。

　因此，如果你曾經歷過強烈地震，就永遠忘不了！

在大地震發生後的幾小時到幾個月內，可能會陸續出現強度比較小的餘震。

你知道月球上也會發生地震嗎？

月球上的地震叫做「月震」！

地震的發生
板塊移動
互相摩擦或碰撞
岩層斷裂
持續推擠、 累積能量
能量釋放
產生地震波

測量地震

    科學家利用**地震儀**來觀測地殼的活動狀態。 世界各地只要有地震觀測站的地方，都會設置地震儀。

    當地震儀的筆針快速進行記錄， **地震學家**就會知道板

研究地震的
科學家叫做
地震學家。

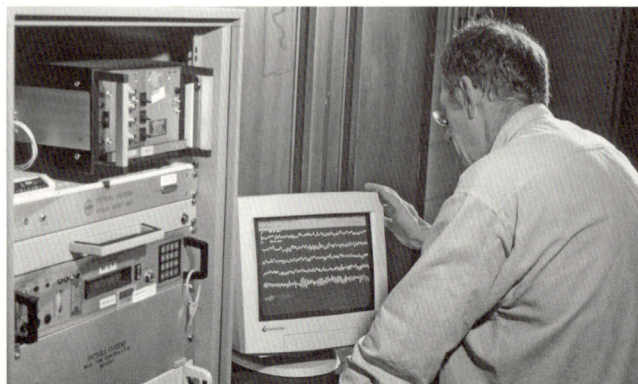

塊邊緣附近有能量釋放，使地面出現一定程度的震動。

科學家會用**地震規模**來描述地震的威力，地震規模只有數字，沒有單位。例如引起南亞大海嘯的地震，規模是 9.0 ； 1999 年發生在台灣的九二一大地震，規模則是 7.6。

地震規模可以代表地震釋放出多少能量；震度的等級則是表示地震的搖晃程度。

通常距離震央愈遠的地方，震度就愈小。

無感地震：0 級
微震：1 級
輕震：2 級
弱震：3 級
中震：4 級
強震：5 級
烈震：6 級
劇震：7 級

地震來了！

　　地震會發生在陸地上，也會發生在海面下。歷史上有幾次造成重大災害的大地震都發生在陸地上，這些地震不僅摧毀了城市，奪走的人命更是數以千計。

　　1906年，一場可怕的強烈地震幾乎摧毀了美國加州的舊金山市。因為震央就在市中心，雖然地震只持續一分鐘，還是造成很大的災害。

　　在這場大地震中，建築物紛紛倒塌，許多人被困在斷垣殘壁中；倒塌的建築物還壓死了剛好從街上路過的行人。破裂的瓦斯管線讓火苗到處亂竄，消防人員不得不

炸掉幾棟建築，　才阻擋了大火延燒。

當大火在市區裡肆虐，　舊金山的居民紛紛逃命。　然而有些人帶了太多物品，　阻礙了他們逃難，　因此街上到處

1906年，　地震過後的舊金山市。

都可以看到被丟棄的行李和家當。這讓舊金山市看起來更像是座冒著濃煙的廢墟。

經過許多年，這座城市才

地震逃生守則

預測地震並不容易。地震學家就算有很先進的設備，也沒辦法精確的預測地震何時會來，更無法確定地震會引起多大的傷害。

地震往往突如其來，甚至在大家都熟睡的半夜時出現。如果你遇到地震，記得要趕快這樣做！

1. 躲進堅固的桌子、大門下面或是衣櫥裡面。

2. 盡量離可能會傾倒的重物遠一點，例如書櫃和冰箱。

慢慢從浩劫中復原。 如今的舊金山又是個美麗的城市，每年都有來自世界各地的觀光客前往旅遊。

3. 如果在戶外， 就要遠離建築物和電線桿。

4. 如果聽到瓦斯冒出嘶嘶聲， 或是聞到瓦斯味， 要趕快離開！

張衡的地動儀

中國的東漢時期（距今約1800年前），張衡設計了一種能夠偵測地震的儀器，叫做地動儀。

地動儀是銅鑄的，外側有八條龍，分別向著八個不同的方位；每條龍的嘴裡都啣著一個銅球，另外還有八隻張著大嘴的蟾蜍蹲坐在龍嘴的下方。

當地震發生，震動會觸發地動儀中的機械，使銅球從龍嘴裡掉進蟾蜍的嘴裡。負責觀測的人聽到金屬撞擊的清脆聲響，只要一察看是哪個

方位的銅球掉下來，就可以知道哪裡有地震發生。

地動儀對地震的偵測非常準確，可以說是世界上公認最早的地震觀測儀器。

雖然如此，科學家直到張衡發明地動儀一千多年後，才能夠準確的判斷震央和地震強度。

上圖是地動儀的現代模型。

3

海嘯

海嘯的英文「Tsunami」源自於日文，原本的意思是指「港邊的波浪」。有人稱海嘯為「潮汐波」，但事實上潮汐並不會產生海浪，多數海浪是因為風吹過海面而造成的。海嘯其實主要來自於深海底下的陸地。

海嘯的來源通常是海底地

隕石或小行星墜入海中也會引起海嘯。

一般的海浪時速約為90公里。

震，或是由近海或海面下的火山爆發所引發。這些海底地殼的變化，會將大量的海水從海底推到海面上；隨著巨大的震動而產生的波浪，會快速朝四面八方移動，時速可以高達 800 公里以上！

因此，如果阿拉斯加發生大地震，這場地震所引發的海嘯，可能比噴射客機更快抵達東京！

海嘯的速度比噴射客機還快！

不過，如果你身處於大海中央，可能就不容易感受到海嘯的出現。因為在海水很深的地方，海嘯的波浪可能只比一般的海浪高出幾十公分。因此，就連水手也很難注意到從船下經過的浪有什麼變化。

海嘯登陸了！

海嘯接近海岸時，海浪移動的速度會開始減慢，海水於是開始堆積，浪頭就愈來愈高……這種情形有點類似塞車的時候，當車陣前進得愈來愈慢，如果後方的車輛來不及減速、撞上前車，就可能導致連環車禍──車子

海平面因為海嘯而升起的高度稱為海嘯溯上。

37

海嘯可以造成連續10個左右的滔天巨浪，每個巨浪襲擊海岸的間隔在10分鐘到90分鐘之間。

一輛接著一輛撞成一團。

因為當海嘯從深海移動到淺海時，後方的浪沒有跟著前浪一起減速，於是就像是連環車禍一樣，一波波海浪撞在一起、愈疊愈高；原本只有60公分高的浪頭，可能就迅速演變成60公尺高的水牆──幾乎有二十層樓高！

許多人認為海嘯來襲時，可以看到海面出現高高低低的明顯起伏。然而事實上，當海嘯來臨，如果向大海望去，可能會看到相當平緩的海面。也因為這樣，人們不太容易發現危險已經逼近。

不過，在海嘯襲擊陸地之前，還是會出現蛛絲馬跡，

38

例如海水可能會愈退愈遠，露出平時被海水所覆蓋、不曾出現的海灘；這就是所謂的大退潮。此外，海浪也可能不斷湧上岸，而且不會退去；湧上岸的海水還帶著大量的泡沫。緹莉·史密斯就是觀察到這些徵兆，才能夠警告大家。

翻到下一頁，了解海嘯的破壞威力。

海嘯帶來的災難

　　海嘯的威力非常驚人。巨浪的衝擊力道可以打死來不及逃離的人，也會淹死在海中掙扎求生的人；此外，有些人則可能被巨浪出現前的「大退潮」給拖進海裡。

　　2004 年的南亞大海嘯發生後，一艘台灣漁船在距海邊約 160 公里遠的海面上，救起一位印尼籍女士，名叫馬拉瓦蒂。她從亞齊省的陸地上被海嘯捲走後，緊抱著一棵棕櫚樹，在大海中漂流了五天才終於獲救。

　　在海嘯的襲擊下，建築物和道路都會被巨浪捲走，電線也會被沖斷。海水退去後

則留下滿目瘡痍，樹枝、泥巴、垃圾，甚至屍體，全都散落一地。

如果遭海水沖毀的地方存放著化學原料、石油或是汽油，環境就會受到汙染。更糟糕的是，如果汙水下水道也破裂，不僅水源會遭到汙染，生還者更可能因為感染而面臨疾病和死亡的威脅。

馬拉瓦蒂獲救後，被送往馬來西亞的醫院。

南亞大海嘯過後，一位斯里蘭卡男孩坐在一片廢墟中，這裡原本是他所住的村落。

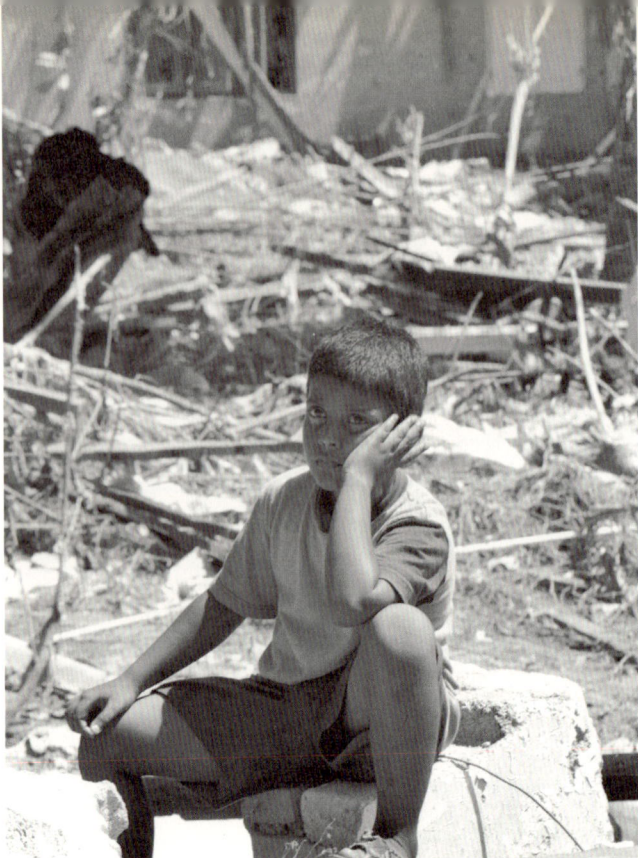

海嘯警報

　　1964 年，大海嘯重創美國的阿拉斯加和夏威夷，數百人在海嘯中失去生命。災難過後，美國的科學家發展出海嘯的警報系統。

　　由於多數海嘯都是地震所

引起的，因此在海嘯警報系統中，地震儀扮演了很重要的角色。除了透過地震儀來了解地震的強度，科學家還會利用在軌道中運行的人造衛星，隨時監測海面的高度變化。

發生在太平洋區域的海嘯主要是由「太平洋海嘯警報中心」發布，這個機構位在美國的夏威夷。太平洋沿岸的各地氣象中心，包括台灣的中央氣象局、日本氣象廳等，平時都會不斷監測各地的水位狀況；一旦有地震發生，也會立刻將相關資訊發送給警報中心。

當警報中心根據資料計算

過去印度洋區域很少發生海嘯，沿岸國家也就沒有建立警報系統。因此，2004 年的南亞大海嘯才會傷亡慘重。

出哪裡有可能發生海嘯，就會發出海嘯預報。在許多經常發生海嘯的地區，例如日本或夏威夷，都有非常先進的海嘯警報系統。一旦收到

海嘯逃生守則

1. 聽到警報時，如果你正在海灘上，盡快跑到比較高的地方。

2. 如果你必須離家前往避難所，記得帶著水、食物、有電池的收音機和手電筒。

3. 注意聽廣播，直到確定海嘯警報解除前，都不要急著回家。

4. 留意海水的狀況，如果出現什麼異狀，海嘯可能就要來了！

海嘯預報，就會立刻透過廣播或電視等各種媒體發出警報；海岸邊的警報器也會發出刺耳的聲響，通知遊客或居民趕快逃生。

動物的預知能力

數百年來，許多人已經注意到有些動物會在地震來臨前變得焦躁不安。

有報導指出，2004年的南亞大海嘯襲擊陸地之前，居民發現小狗拒絕離開家、大白天裡蝙蝠緊張的在空中盤旋、許多海鳥則是成群飛到

比較高的地方去。

　　在蘇門答臘海岸，馴象師也說他們的大象先是大聲呼叫，接著掙脫鐵鍊，朝山上跑去。因此，科學家也開始探討，未來是否有辦法從動物的行為來預測地震，以便提前發布地震或海嘯警報。

4

火山

當我們想到火山，腦海裡通常會浮現噴著岩漿與火焰、冒著灰霧的圓錐形山峰。

事實上，「火山」可以包含許多種地形，有高山，有緩坡，也可能只是地表上的裂縫。各種火山地形的共通點，就是具有可以讓岩漿冒出地表的裂口或火山口。

火山的英文 volcano源自羅馬神話中，火神的名字 Vulcan（伏爾坎）；傳說火山是祂的鍛鐵爐。

火山通常在地殼板塊的邊緣附近形成。當板塊運動導致隱沒作用，下沉的板塊會被推進地函中，然後因為高溫而熔化成為岩漿。

　　由於岩漿的密度比固態的岩石小，所以會在地函上方形成岩漿庫。如果上方地殼的岩層出現裂縫，就會成為所謂的**火山通道**，讓岩漿可以上升到達地表。

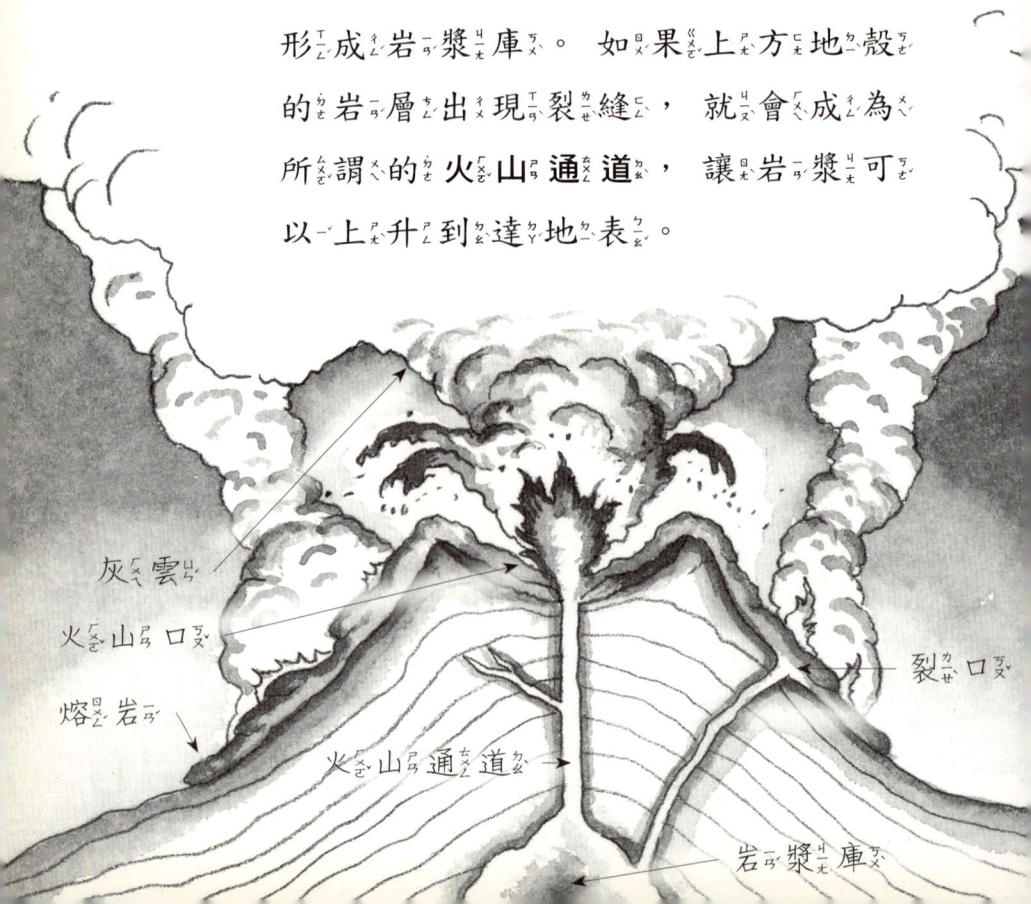

灰雲

火山口

熔岩

火山通道

裂口

岩漿庫

因為地殼下的龐大壓力，岩漿不僅會推著岩石碎塊、氣體和灰塵通過地殼，當它們抵達地表，還可能瞬間噴發。當岩漿從火山口流出、接觸到大氣，就會慢慢冷卻成為熔岩。

火山爆發

並不是所有火山都會劇烈噴發，火山噴發的形式主要依岩漿的性質而定。如果岩漿所含的水分較多、比較容易流動，通常不會出現猛烈的噴發，而是形成緩慢的熔岩流。

如果岩漿很濃稠、黏度很高，就可能將大量的火山氣

火山氣體主要由二氧化碳和水蒸氣組成。

51

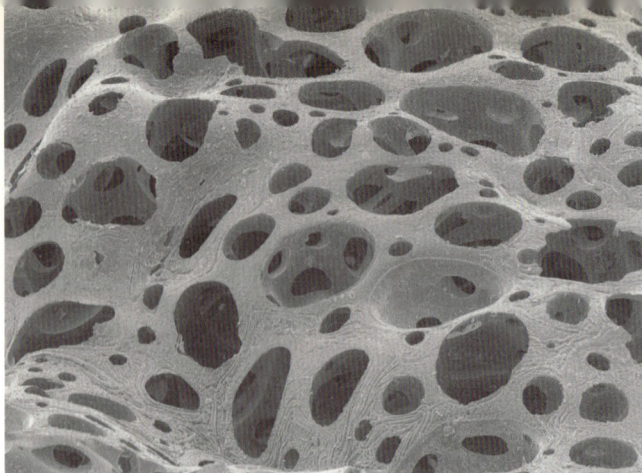

這是浮石的放大照片，浮石是一種充滿氣孔的火山岩，可以浮在水面上。

體和水蒸氣封在岩漿下方，使這些炙熱的氣體累積而形成一股巨大的壓力。

在劇烈的火山噴發中，火山口可能會隨著氣體迸發而爆裂。火山氣體和灰燼所形成的灰雲和岩石碎屑，都會噴到高空中。幾百萬年後，多次噴發所累積的火山物質可能會堆成一座山。

火山氣體所形成的壓力就像被你搖過的汽水一樣，釋放出來的威力很驚人。

52

毀滅性破壞

劇烈的火山爆發可能引發地震、洪水、海嘯、泥石流和岩石崩落。人們除了因為吸入大量的火山灰或有毒氣體而窒息，還可能被從天而降的石頭砸傷或壓死。

西元79年，義大利的維蘇威火山爆發，羅馬的龐貝城從此被深埋在將近兩公尺厚的火山灰下。不過，真正終結這座古城的是夾帶著大量火山灰、岩石碎屑和熾熱氣體的**火山碎屑流**，幾乎摧毀了所經過的一切，無論人或動物都無法生還。

1902年，類似的情況也發生在西印度群島的馬丁尼克

有時，劇烈的火山爆發會噴出乳白色的火雲（也稱作炙熱火山雲），高度可達數千公尺。包含有毒氣體及高溫火山灰的火雲一旦墜落，會造成嚴重的傷亡。

53

島。 島上的培雷火山噴發，一股火山碎屑流朝聖皮爾港呼嘯而下， 約有 4 萬人死於這場恐怖的天災。

改變氣候

不只是地表， 氣候也會受到火山的影響。 在一場大噴發後， 被拋到高空的火山灰可以隨風飄散到世界各地。當大量火山灰遮蔽了陽光，幾乎全世界都能感受到天空變得不一樣了， 白天也會變暗、 變冷。

西元 1815 年， 印尼一座小島上的坦博拉火山爆發， 大量的火山灰瀰漫在空氣中，連陽光都被阻擋。 全世界的

火山爆發後的聖皮爾港只剩下斷垣殘壁。

溫度都因此而下降，甚至在美國某些地區，還降下六月雪和七月雪！

盾狀火山

　　盾狀火山通常非常巨大，山頂看起來就像是一個巨型的碗或盾。當盾狀火山噴發時，岩漿會慢慢的流出，蔓延數百公里遠。

夏威夷的冒納羅亞火山

56

義大利的埃特納火山

錐狀火山

　　錐狀火山是最常見的火山類型，是由噴發到高空的岩漿遇冷而形成的火山渣或火山碎屑，在火山裂口周圍堆積而成的。這類頂端有火山口的圓錐狀火山通常不高。

複成火山

世界上許多美麗的大山都是複成火山，也稱為層狀火山。所謂「複成」就是「由不同的部分組成」。複成火山是經過長時間、許多次的噴發，由好幾層岩石、熔岩和火山灰所構成，因此可以堆積成陡峭的高山，頂端則有火山口。

複成火山下方的岩漿非常濃稠，通常會造成劇烈的噴發，因此這類火山一旦爆發就會造成巨大的災難。

日本的富士山就是一座休眠中的複成火山，山頂的火山口寬度超過 480 公尺。富士山不僅是日本的最高峰，

多年以來，更是許多藝術家和作家歌頌的對象。

火山活動

火山可依活動狀態分為活火山、休眠火山和死火山。

日本的富士山

活火山是最近剛噴發過，或是可能在近期內噴發的火山。科學家認為陸地上大約有 500 座活火山，海底則有 1500 座以上的活火山！

休眠火山是已經長時間沒有噴發、但是仍有可能再次噴發的火山。

死火山則是已經有數千年沒有噴發，科學家也推斷不會再噴發的火山。

火山學家

研究火山的科學家稱為火山學家。他們除了在實驗室裡做研究，也會跑到火山上收集熔岩和氣體的樣本，並且測量火山周圍的溫度。

目前已知最大的活火山在火星上。

「休眠」的英文 dormant 源自於拉丁文，意思是「睡覺」。

60

有些火山非常熱，火山學家必須穿上很重的保護裝備才能靠近這些火山。這些裝備表面塗了一層金屬，可以反射熱能，讓火山學家不會受到高溫的傷害。

卡蒂亞和莫利斯‧卡夫特是一對知名的法國火山學家夫妻。1991年，當他們在日本勘查火山時，火山忽然爆發，身上笨重的裝備讓他們無法快速逃離，兩人因此喪生，真讓人惋惜！

正在埃特納火山採集樣本的火山學家。

帕里庫廷：
初生的火山

1943 年，一位墨西哥農夫在田裡工作時，他的田地忽然出現一道巨大的裂縫，長達 50 公尺。打雷般的轟隆巨響接著出現，許多塵土從裂縫中飄了出來，地表也開始隆起。

這位農夫目睹了火山形成的最初階段。科學家用當地村莊的名稱，將這座「嬰兒火山」取名為帕里庫廷。一年之後，它已經高達三百多公尺，不再是「嬰兒」了！

▲ 代ㄉㄞˋ表ㄅㄧㄠˇ主ㄓㄨˇ要ㄧㄠˋ的ㄉㄜ˙火ㄏㄨㄛˇ山ㄕㄢ

亞ㄧㄚˇ洲ㄓㄡ

北ㄅㄟˇ美ㄇㄟˇ洲ㄓㄡ

環ㄏㄨㄢˊ太ㄊㄞˋ平ㄆㄧㄥˊ洋ㄧㄤˊ火ㄏㄨㄛˇ山ㄕㄢ帶ㄉㄞˋ
（火ㄏㄨㄛˇ環ㄏㄨㄢˊ）

南ㄋㄢˊ美ㄇㄟˇ洲ㄓㄡ

澳ㄠˋ洲ㄓㄡ

太ㄊㄞˋ平ㄆㄧㄥˊ洋ㄧㄤˊ

南ㄋㄢˊ極ㄐㄧˊ洲ㄓㄡ

南ㄋㄢˊ極ㄐㄧˊ洲ㄓㄡ

5

環太平洋火山帶

太平洋幾乎覆蓋地球表面的一半，地球上的海嘯、火山和地震，也多半發生在太平洋海域或周邊地區。事實上，有 90% 的地震都發生在所謂的 **環太平洋火山帶**（也稱作 **火環**）。環太平洋火山帶是環繞太平洋板塊邊緣的巨大馬蹄形區域。

日本位於環太平洋火山帶，境內有 186 座以上的火山。

太平洋板塊是一塊擴張中的大型海底板塊，它與很多板塊相鄰，彼此間經常發生摩擦或碰撞。這些板塊運動引發了太平洋中多數的地震和火山活動。

海底火山

環太平洋火山帶中有數以千計的海底火山，近年來科學家用水下機器人和小型的研究潛水艇進行勘查，才慢慢揭開了海底火山的奧祕。

海底火山可以是大海中的高山，也可以是海床上可供岩漿湧出的裂口。有時火山的噴出物含有金屬，這些礦物質漸漸在裂口周圍堆積成

管狀的構造，並且會噴出溫度很高、含有金屬和硫的深色海底熱泉，就像是冒著黑煙的煙囪一樣，因此被科學家稱為「黑煙囪」。在這些黑煙囪周圍，科學家還發現

巨型管蟲生活在海底火山口周圍、攝氏80度的高溫海水中──只差20度就可以把水煮沸呢！

滾燙的岩漿從海床上的火山口湧出，冷卻後形成圖中的枕狀熔岩。

了很有趣的海洋生物。

如果海底火山突出海面，就會形成所謂的火山群島。夏威夷、日本和菲律賓都屬於火山群島。

夏威夷的冒納羅亞火山是地球上最大的海底火山，它從海床升起將近 10 公里高，寬約 115 公里。

過去幾千年來，環太平洋火山帶製造了無數地震和火山活動，這些大自然的力量所造成的改變，讓如今地球的面貌和過去大不相同。

冒納羅亞火山的第一次噴發是在距今 8 萬多年前。

翻到下一頁，認識古代重大的天然災害。

希克蘇魯伯的災難

距今 6500 萬年前，一顆大隕石撞上現今墨西哥希克蘇魯伯村的海岸，造成了直徑超過 160 公里的隕石坑。

隕石引起的熊熊烈火從現今的墨西哥延燒到美國。灰燼和濃煙遍布，天空一片漆黑，導致全世界的溫度迅速下降，數以百萬計的動植物因而死亡。

隕石撞擊也引發可怕的海嘯，從海地到美國佛羅里達州的海岸都遭到巨浪襲擊。

原本稱霸地球的恐龍，大約在這段期間絕跡。因此有許多科學家認為，這場天外飛來的巨變是恐龍大滅絕的原因。

黃石公園下的怪獸

每天都有遊客在美國的黃石國家公園裡，看著羽狀的熱水從地面噴上高空。這些熱泉稱為間歇泉，是地底火山活動的產物。地球上最大的活火山就位在黃石公園底下，因為它非常巨大，所以被科學家稱為「怪獸」。

大約60萬年前，這座火山劇烈噴發，整個山頭因此被夷平，方圓數百公里內的動物群，全都死於這場浩劫。

噴發後的火山留下一個巨大的火山臼，就像巨型的碗狀凹槽；如今這個火山臼的大部分就埋在黃石湖底下。

科學家認為這頭巨大的怪獸有一天將會再度爆發，可是他們無法確定會在哪一天爆發！

多峇：超級火山

　　多峇是一座超級火山，位在蘇門答臘，最近一次大噴發，發生在 7 萬 5 千年前，這也是近兩百萬年內，最大的火山爆發事件。

　　多峇噴發時，厚厚的火山灰讓整個天空暗了下來，就連雨也變成黑色的。

　　之後有許多年，地球上的

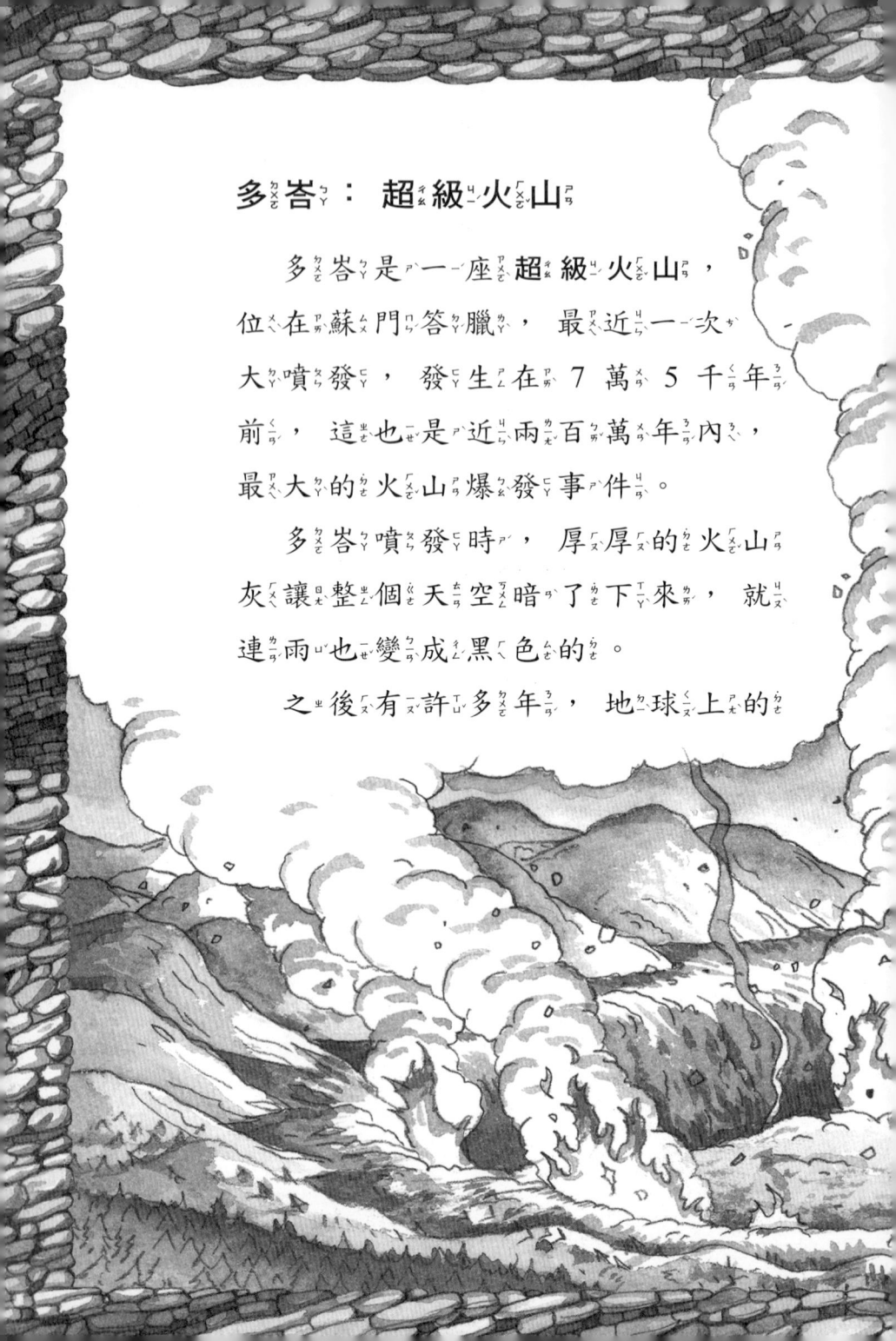

氣溫因此變得很低，許多人種因而滅絕，連植物也難以存活！能夠倖存下來的早期人類，就成為你我的祖先。

多峇的火山口如今已經成為美麗的湖；科學家說多峇仍舊是座活火山，但是你不用擔心，因為它不會在短時間內再度噴發。

消失的亞特蘭提斯大陸

　　希臘哲學家柏拉圖曾經提到一塊消失的大陸，他稱之為「亞特蘭提斯」。傳說中的亞特蘭提斯是一個具有高度文明的世界，最後毀於地震和洪水。

　　如今科學家幾乎可以確定亞特蘭提斯就是希臘的聖托

里尼島和克里特島。三千年前，火山爆發和海嘯摧毀了這些小島的部分地區。

直到現在，考古學家仍在這些小島上挖掘當初被埋在火山灰下的城市，他們稱住在這些城市裡的人為「米諾斯人」。考古學家的許多發現，證實了米諾斯人曾有過光輝燦爛的文明。

里斯本的毀滅

西元 1755 年 11 月 1 日，幾乎所有里斯本的居民都去教堂慶祝宗教節日。一場突如其來的天災卻降臨這座葡萄牙的美麗城市。

在一陣打雷般的可怕巨響之後，所有建築物都在劇烈的地震中倒塌，大火也在街

上肆虐。沒多久，海嘯的巨浪就襲擊里斯本港，地勢較低的區域幾乎全毀。

短短幾個小時內，里斯本就變得面目全非。專家估計這場災難至少造成 6 萬人死亡，這個數字比當時里斯本三分之一的人口還要多！

6

山崩和雪崩

　　1991 年，菲律賓的品納土坡火山爆發，巨量的火山灰堆在火山周圍，飄散的火山塵覆蓋在田野上。雨水把這些灰變成泥巴，形成快速下滑的泥石流。山下的居民因此被困在濃稠的泥漿中，造成七百多人死亡。

　　1970 年，一場規模 8 以上的強震引發祕魯高山的

雪崩，積雪以每小時 160 公里的速度，朝著祕魯中北部的陽格鎮狂奔而下。專家估計可能有 66,000 人在這場地震和隨之而來的雪崩中喪生。

　　山崩、泥石流和雪崩，每年都會奪走生命，造成億萬的財產損失。這些災害是怎

災後的陽格鎮，只剩下這座雕像和四棵棕櫚樹還豎立著。

麼形成的？我們可以做些什
麼來保護我們的生命和財產
呢？

山崩和泥石流

　　當岩石、泥土或泥巴從山
坡上滑下來，就會形成山崩
和泥石流。暴雨、火山爆發
或地震都會引發山崩或泥石
流。其他像是砍伐山坡上的

裸露的山坡地

美國加州拉古納海岸，在 2005 年 6 月的一場山崩中，房子紛紛滑到山下。

樹林，或是野火焚燒，也會引發這些災害。當山坡變得光禿禿的，就沒有東西可以擋住泥土往下滑；一旦下起大雨，這些泥土就會變成溼滑的泥巴。

重力會牽引鬆動的泥土和泥巴沿著山坡往下滑，有些泥石流移動得比較緩慢，有些則快得嚇人。

泥石流通常發生在豪大雨或融雪後。如果火山爆發後沒多久就下雨，熔岩和火山灰也會變成泥巴，它們形成的泥石流就是火山泥流。

美國華盛頓州的聖海倫斯火山，在 1980 年 5 月 18 日劇烈噴發。火山爆發前，一場規模5.1的地震在山北側引起美國史上最大的一次山崩。

這場山崩以每小時約 250 公里的速度，橫掃山上的石頭，傾瀉到山下的靈湖中。

湖水因此被激盪出 180 公

重力（或是地心引力）是指將每樣東西拉向地球的力量。如果沒有重力，我們都會像氣球一樣飄得高高的。

尺高的巨浪，沖毀了橋梁；當湖水退潮時，連帶扯斷了數以千計棵的樹木。

事件還沒結束。火山接著噴發，融化了山頭的積雪，

雪水、熔岩和火山灰混在一起，從山坡上流瀉而下，沿途摧毀了 200 棟房屋、47 座橋梁和將近 300 公里長的公路。

山崩後的聖海倫斯火山

山崩逃生守則

山崩或泥石流可能瞬間奪走許多生命。以下的應變措施可以幫助你逃生：

1. 如果你住在陡峭的山坡地上，大雨時要注意聽廣播或收看電視新聞。

2. 注意泥土是否在緩慢的滑動、留意附近小河的水位是否突然發生變化。

3. 盡量遷移到地勢比較高的地方，特別是當樹木都朝山坡的一側傾斜時。

4. 如果地面忽然滑動，趕快躲到桌子或其他堅固的家具下面。

雪崩

　　岩石、雪、泥土和冰，突然從陡峭的山壁上崩塌，快速滑落，就是雪崩。有些地方很容易發生雪崩，例如歐洲的阿爾卑斯山區，一年發生約 25 萬次。過去十年間，法國境內發生雪崩的次數居世界之冠。

　　美國的雪崩大都發生在西岸，在過去六年間，阿拉斯加發生的次數最多。

　　大規模雪崩滑落的雪量，足以讓 20 個足球場積雪 3 公尺深。你能想像自己被埋在這麼大量的雪底下嗎？

　　板狀雪崩是最令人害怕的雪崩，當柔軟或脆弱的雪層

無法支撐住覆蓋在上方的雪層時，就會發生這種雪崩。猶他州的一位雪崩專家形容板狀雪崩就像從餐桌上滑下來的餐盤，下滑的時速可以高達將近 100 公里。一旦碰上，任何人都無法逃脫。

都是雪花惹的禍！

在顯微鏡下，雪花看起來就像是六角形的星星。沒有兩片雪花的形狀完全相同。

下雪時，新雪會壓在舊雪上，積雪的重量會使雪花突出的角消融；這樣一來，雪花結晶就不能互相緊扣在一起。當上方雪層的重量累積到一定程度，重力就使得雪

放大的雪花結晶

崩一觸即發！

　暴風雪期間或是天氣回暖時，雪崩的次數也會增加。過重的上方雪層再加上融化的雪水，使得積雪更容易滑動。一旦出現輕微的地震、動物的跑動，甚至有人大聲說話，雪層就可能瞬間崩塌滑落，它上面的所有東西也會應聲而倒、滑下山坡。

91

除了地震、暴風雨或火山爆發，人或車輛經過，擾動了不穩定的雪層，也有可能引發雪崩。很多駕雪車的人和滑雪人都是因此送命的。

如果你計畫去山上滑雪或是駕雪車，一定要告訴別人你的去處，而且不可以單獨行動！發現有「危險！小心雪崩！」警告標誌的地方，千萬不要冒險進入。在沒有警告標誌的地方，也要小心留意雪地上的裂縫，隨時注意奇怪的聲響。當你從雪地上走過，如果腳下出現乒乒乓乓的聲響，彷彿雪地是中空的，一定要趕快離開！

如果雪崩已經逼近，來不及逃離，你會感受到一股強勁的雪崩風，這是被雪崩驅趕的流動空氣。就算雪崩迎面而來，你還是可以做一些保護自己的措施。

雪崩過後，雪地可能變得像水泥一樣硬。

雪崩逃生守則

1. 丟掉手邊所有滑雪杖。

2. 趕快把衣領拉緊，不要讓雪跑進衣服裡。

3. 盡可能抱住一棵樹或一塊岩石。

4. 被雪覆蓋時，做出踢或游泳的動作，試著爬回雪層上面。

死於雪崩的機率其實並不高，每年全世界只有約 150 人死於雪崩。但是為了安全起見，絕對要記得隨時留意相關訊息。

救難隊正在奧地利的一場雪崩中搜尋受難者。

近代傷亡慘重的天災

2011.3.11

日本宮城縣外海發生規模8.9的大地震，隨之引發了大海嘯，造成將近30,000人死亡，數千棟房屋毀壞，核電廠輻射外洩。

2008.5.12

中國四川發生規模8.0的汶川大地震，造成將近70,000人死亡，其中包含數千名學生。

2004.12.26

南亞受到致命海嘯重創，奪走三十多萬條人命，真正的死亡人數至今無法確定。

1985.11.13
哥倫比亞發生火山爆發和泥石流，約25,000人死亡。

1976.7.28
中國唐山發生強烈地震，超過250,000人在睡夢中失去生命。

1923.9.1
日本關東平原的一場強震和隨之引發的大火，奪去約140,000條人命。

1920.12.16
中國寧夏的海原縣發生大地震，奪走二十多萬條人命。

7

救援行動！

　　天災發生的第一時間，世
界各地的救難隊都會趕往現
場。救災工作需要有足夠的
時間和各種技術，因此救難
隊大都由義工組成。臨時搭
起的帳篷可以充當醫院，讓
醫生和護士治療傷患。工程
人員則會開來重機具，協助
搬開碎石。有些搜救隊擅長
在斷垣殘壁和瓦礫堆

中搜尋受難者，還有的會協助救援動物。毯子、食物、飲水、帳篷和藥品等物資則由飛機送達。

救出生還者

為了從傾倒的建築物中救出生還者，搜救人員會用擴音器向受困者喊話，要他們敲打任何可以碰到的東西，然後利用一種稱為「生命探測器」的儀器，偵測聲音的來源，再循聲接近受困者。

另外一種有用的工具叫做「搜救攝影機」，可以伸進小洞裡拍照。當搜救人員發現瓦礫堆下有生命跡象，就會在受困者周圍的水泥塊上

鑽洞，再把攝影機伸進這個小洞裡，拍下受困的情形。

狗是很傑出的搜救員！狗的嗅覺比人類靈敏；受過特別訓練的搜救犬，可以聞到壓在建築物或雪堆下的受難者。因此有專家指出，在雪崩現場，一隻受過訓練的搜救犬比20個人還管用。

一名西班牙搜救員和他的搜救犬，在聖薩爾瓦多搜尋生還者。

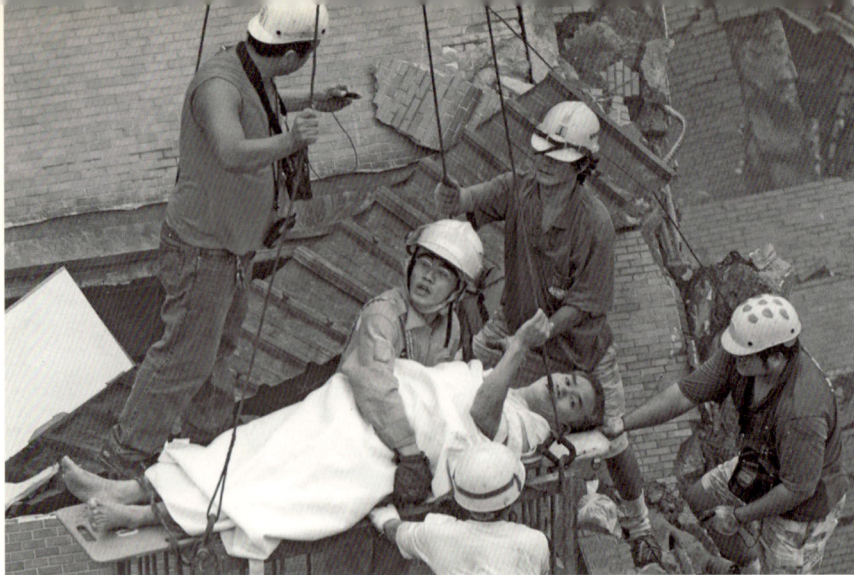

　　救難隊的工作並不輕鬆，餘震會震倒建築物、鬆動瓦礫堆，讓搜救人員也受困。汙染的水源還有傳播疾病和引發感染的風險。救難隊員都要長時間工作，睡眠時間很少。醫生也必須在很糟的環境下治療傷患，甚至動手術。但救難隊永遠都任勞任怨，因為他們的目標就是盡可能多救一些人。

　　想想身陷災區的人們，都

和我們一樣，是這個大千世界的一份子。當天災發生，我們也可以捐出錢或衣物，及時幫忙救災。

這個世界雖然有許多美好的事物，但天災可能隨時隨地降臨我們身邊，互相幫助才能讓大家一起度過難關。

進一步的研究

　　關於地震、海嘯、火山爆發和其他天災，還有更多有趣的知識等著你去研究。做研究的樂趣，就是可以考驗一下自己，能夠從哪些不同的資料來源，挖掘出意想不到的知識。

接下來提供一些方法，可以幫助你進行各種天災的研究。

書籍

在大多數圖書館和書店，都可以找到許多有關地震和各種天災的書籍。

當你找到一本對研究有幫助的書，請記得以下幾點：

1. 不必把整本書都讀完。
   先看看目錄和索引，找出感興趣的主題。

2. 把書名抄下來。
   做筆記時，要確認是否把書名抄在筆記本上，這樣下次想參考時，才能再找到同一本書。

3. 千萬不要完全照抄書上的內容。

當你從書上學習到新知識時，請試著用自己的話表達出來。

4. 確認參考書籍的真實性。

有些關於天災的書籍是虛構的故事，這類虛構故事稱為小說。這些書籍讀起來非常生動有趣，但並不適合拿來做研究。

對研究有幫助的書籍，最好是描述確切的事實與真實的事件，而不要有虛構的情節，這類書籍稱為知識讀本。

圖書館員或老師可以幫助你分辨參考書籍是小說，還是知識讀本。

這裡列出幾本有關地震等天災的中文書籍：

- 《觀念地球科學 I ～ IV》，呂特根等著，王季蘭等譯（天下文化）。

- 《生活中不可不知的自然科學常識》，曹松青著（讀品文化）。

- 《SOS1 救難小英雄：海嘯與地震》，李炫娅著，郭秀華譯（新苗）。

- 《大海嘯 —— 毀滅與重生》，經典雜誌。

- 《科學實驗王 15：地震與火山》，Gomdori co.著，徐月珠譯（三采）。

- 《資優科普王： 火山和地震》 ， 朴娃雄著， 譚妮如譯（ 美藝學苑社）。

- 《火山奇跡》 ， 內政部營建署陽明山國家公園管理處。

- 《台灣的火山》 ， 宋聖榮著（ 遠足文化）。

- 《火山爆發 —— 地熱、 熔岩、 海島天堂》 ， 加奈利著， 呂建成譯（ 如何）。

- 《災難來了怎麼辦？ 災難應變 SOP 》 ， 林志豪著（ 貓頭鷹）。

以及幾本英文書籍：

- *Avalanchs,* Disasters Up Close series, by Michael Woods and Mary B. Woods
- *How Does an Earthquake Become a Tsunami?* by Linda Tagliaferro
- *Tsunamis: Witness to Disaster* by Judy and Dennis Fradin
- *Time for Kids: Volcanoes!* by the editors of Time for Kids, with Jeremy Caplan
- *Tsunamis,* High Interest Books series, by Luke Thompson
- *Tsunamis: Helping Each Other* by Ann Morris and Heidi Larson
- *Volcanoes,* National Geographic Readers series, by Anne Schreiber
- *Volcanoes and Earthquakes,* DK Eyewitness Books series, by Susanna Van Rose

科學館與博物館

科學和自然博物館，以及國家公園有時候會有關於地震、海嘯和火山的展覽，可以幫助你了解這些天災發生的原因。

當你到科學館、博物館或國家公園參觀時，要記得以下幾件事：

1. 一定要帶著筆記本！

   把你感興趣的每件事物都記下來，也可以用畫的。

2. 多發問。

   博物館或國家公園一般都有導覽人員，可以幫你找尋你想找的東西。

3. 記得看一看博物館的活動行事曆。

許多博物館和國家公園都有專門為兒童設計的特展或活動。

1999 年的 921 大地震發生後，成立於霧峰的 921 **地震教育園區**，可說是地震的活教材。園區所在地原本是一所國中，校舍在 921 大地震中倒塌，校園中還出現斷層錯動、地面隆起等現象。

在這座園區裡，不僅可以清楚認識大自然的力量所造成的災害；透過各種展示和活動，更能進一步了解震災的起源，同時建立正確的防

災觀念，知道如何保護自己及幫助別人。

以下列出幾所國際知名的博物館和國家公園，裡面有關於地震和火山的展覽，有機會可以前往參觀：

- 美國自然史博物館薔薇中心的行星地球廳，位於美國紐約市。

- 夏威夷火山國家公園，位於夏威夷的希洛市。

- 聖海倫斯山國家火山紀念碑，位於美國華盛頓州的城堡石市。

- 黃石國家公園，位於美國愛達荷州、懷俄明州和蒙大拿州。

影片

　　市面上有很多關於天災的影片。找影片就像找參考書籍一樣，請務必確認影片的真實性，因為虛構的商業電影裡常參雜許多想像！

可以在圖書館或是影片出租店，找到下列關於天災的知識影片：

- 「地球科學面面觀：雪崩」，Discovery 探索頻道。
- 「地球科學面面觀：海嘯」，Discovery 探索頻道。
- 「暴怒的地球：火山」，Discovery 探索頻道。

- 「超級火山：真正末日」，BBC 英國國家廣播公司。

- 「美麗南太平洋 —— 火山列島」，BBC 英國國家廣播公司。

- 「致命瞬間 —— 舊金山大地震」，BBC 英國國家廣播公司。

- 「發現龜山島 —— 台灣火山實探」，大愛電視台。

- 「地球奇觀：憾動的大地」，Discovery 探索頻道。

- 「南亞海嘯：生死一瞬間」，Discovery 探索頻道。

- 「下課花路米 —— 地震防災 FOLLOW ME！」，公共電視文化事業基金會。

網路

許多網站提供了大量關於地震、海嘯和火山的知識，有的網站甚至還有小遊戲，讓你的學習過程更有樂趣！

這裡列出一些介紹天災的網站，你也可以請老師或爸媽幫忙查詢，找出更多相關的優質網站：

- 北一女地球科學網站：
http://web.fg.tp.edu.tw/~earth/blog/
- 內政部警政署防災知識網 —— 天然災害篇：
http://www.nfa.gov.tw/nfa_k/Show.
aspx?MID=324&UID=328&PID=323

- 交通部中央氣象局 —— 地震：

  http://www.cwb.gov.tw/V7/earthquake/

- 國立自然科學博物館 ——
  臺灣之火山活動與火成岩：

  http://web2.nmns.edu.tw/89volcano/

以下提供的是英文網站：

- 美國地質研究中心 —— 兒童地震網：

  http://earthquake.usgs.gov/learn/kids/

- 知識怪獸網站 —— 世界各地的天災：

  http://www.factmonster.com/ipka/
  A0775896.html

- 探索頻道兒童網 —— 火山大探索：

  http://kids.discovery.com/games/

  build-play/volcano-explorer

- 魔法學習網 —— 重要的海嘯：

  http://www.enchantedlearning.com/

  subjects/tsunami/major.shtml

索引

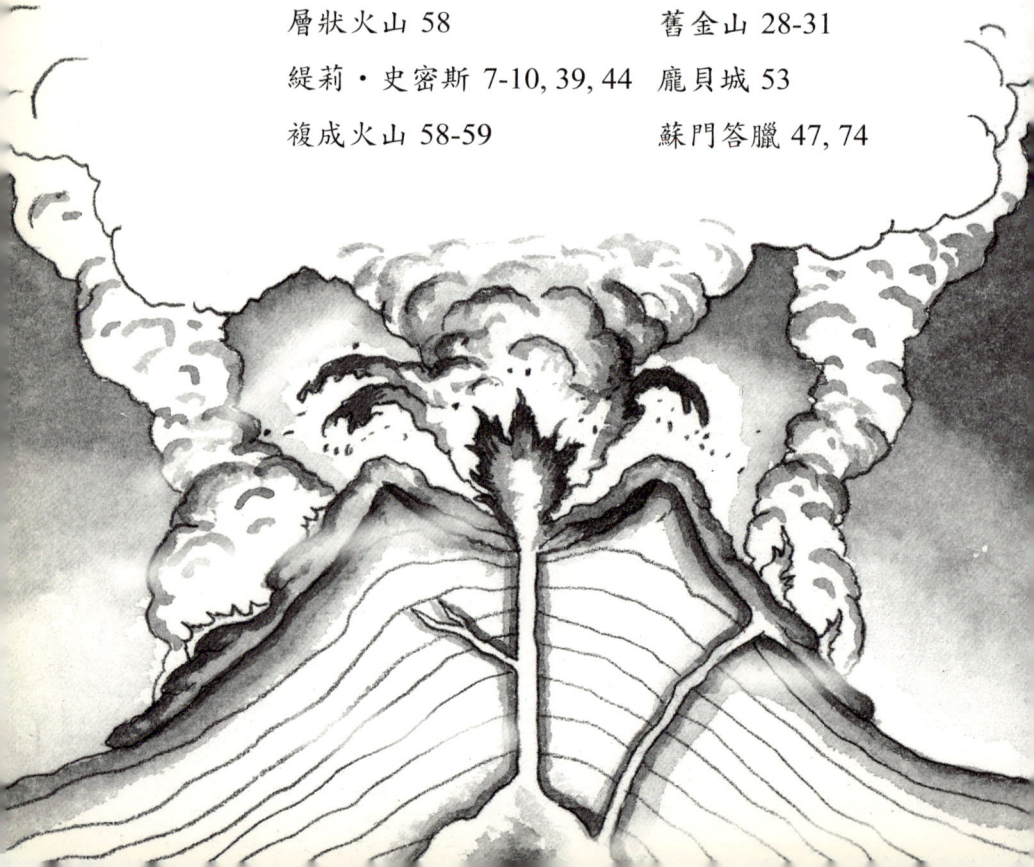

圖ㄊㄨˊ片ㄆㄧㄢˋ來ㄌㄞˊ源ㄩㄢˊ

歡迎進入神奇樹屋的世界！

神奇樹屋系列

神奇樹屋小百科系列

國家圖書館出版品預行編目（CIP）資料

地震與海嘯／瑪麗・波・奧斯本（Mary Pope Osborne），
　娜塔莉・波・博以斯（Natalie Pope Boyce）文；
　薩爾・莫多卡（Sal Murdocca）、吳健豐圖；劉藍玉譯.
　-- 第一版. -- 臺北市：天下遠見，2012.10
　　面；　公分. --（神奇樹屋小百科；14）（工具書館；114）
注音版
　譯自：*Tsunamis and Other Natural Disasters*
　（MAGIC TREE HOUSE FACT TRACKER series, BOOK#15）
　ISBN 978-986-320-063-5（平裝）
　1.自然災害　2.通俗作品

367.28　　　　　　　　　　　　　　　　　　　101021384

典藏小天下叢書的 5 種方法

1. 網路訂購

歡迎全球讀者上網訂購，最快速、方便、安全的選擇
小天下書坊 http://www.gkids.com.tw

2. 請至鄰近各大書局選購

3. 團體訂購，另享優惠

請洽讀者服務專線（02）2662-0012 或（02）2517-3688 分機 912
單次訂購超過新台幣一萬元，台北市享有專人送書服務。

4. 加入「天下遠見讀書俱樂部」

到專屬網站 http://www.gkids.com.tw 登錄「會員邀請書」

5. 親至遠見・天下文化事業群專屬書店「93 巷人文空間」選購

地址：台北市松江路 93 巷 2 號 1 樓　電話：（02）2509-5085　**轉** 753、754

神奇樹屋小百科⑭ 地震與海嘯

作　者	瑪麗·波·奧斯本（Mary Pope Osborne）、 娜塔莉·波·博以斯（Natalie Pope Boyce）
繪　圖	薩爾·莫多卡（Sal Murdocca）、吳健豐
譯　者	劉藍玉
小天下編輯部總監	李　黛
責任編輯	黃雅蕾
封面設計暨美術編輯	吳慧妮（特約）

出 版 者	天下遠見出版股份有限公司
創 辦 人	高希均、王力行
遠見·天下文化·事業群 董事長	高希均
事業群發行人／CEO	王力行
小天下總編輯	許耀雲
版權部經理	張紫蘭
法律顧問	理律法律事務所陳長文律師
著作權顧問	魏啟翔律師
社　址	台北市104松江路93巷1號2樓
讀者服務專線	（02）2662-0012
傳　真	（02）2662-0007；（02）2662-0009
電子信箱	gkids@cwgv.com.tw
直接郵撥帳號	1326703-6號　天下遠見出版股份有限公司

製 版 廠	東豪印刷事業有限公司
印 刷 廠	盈昌印刷有限公司
裝 訂 廠	政春裝訂實業有限公司
登 記 證	局版台業字第2517號
總 經 銷	大和書報圖書有限公司　電話（02）8990-2588
出版日期	2012年10月30日第一版第1次印行

定價／180元
原著書名／MAGIC TREE HOUSE FACT TRACKER series ——
　　　　　Book #15: *Tsunamis and Other Natural Disasters*
Text copyright © 2007 by Mary Pope Osborne and Natalie Pope Boyce
Illustrations copyright © 2007 by Sal Murdocca
Complex Chinese Edition Copyright © 2012 by Global Kids Books,
a member of Commonwealth Publishing Group
Published by arrangement with Random House Children's Books,
a division of Random House, Inc. through Bardon-Chinese Media Agency
Magic Tree House™ is a trademark of Mary Pope Osborne, used under license.
The MAGIC TREE HOUSE FACT TRACKER series was formerly known
as the Magic Tree House Research Guide series.
ALL RIGHTS RESERVED

ISBN：978-986-320-063-5（平裝）
書　號：KR114

小天下網址　http://www.gkids.com.tw
※本書如有缺頁、破損、裝訂錯誤，請寄回本公司調換。

小天下
2002年10月創立

小天下.
Global Kids